U0600533

信息图少儿奇趣历史系列

维京传奇

[英]乔恩·理查兹 著 张弛 译

WEIJING CHUANQI

GUANGXI NORMAL UNIVERSITY PRESS

广西师范大学出版社

·桂林·

出版统筹：张俊显
品牌总监：耿　磊
责任编辑：王芝楠
助理编辑：韩杰文
美术编辑：刘冬敏
版权联络：郭晓晨
营销编辑：杜文心　钟小文
责任技编：李春林

The Vikings (History in Infographics series)
Editor: Jon Richards
Designer: Jonathan Vipond
First Published in Great Britain in 2016 by Wayland
Copyright © Hodder and Stoughton Ltd, 2016
All rights reserved.
著作权合同登记号桂图登字：20-2018-022 号

图书在版编目（CIP）数据

维京传奇 /（英）乔恩·理查兹著；张弛译. —桂林：
广西师范大学出版社，2019.10
（"信息图少儿奇趣历史"系列）
书名原文: The Vikings
ISBN 978-7-5598-2179-9

Ⅰ. ①维… Ⅱ. ①乔…②张… Ⅲ. ①北欧一中世纪
史一少儿读物 Ⅳ. ①K530.9

中国版本图书馆 CIP 数据核字（2019）第 190687 号

广西师范大学出版社出版发行

（广西桂林市五里店路 9 号　邮政编码：541004　）
　网址：http://www.bbtpress.com
出版人：张艺兵
全国新华书店经销
北京博海升彩色印刷有限公司印刷
（北京市通州区中关村科技园通州园金桥科技产业基地环宇路 6 号
邮政编码：100076）
开本：787 mm×1 092 mm　1/16
印张：2.5　　字数：45 千字
2019 年 10 月第 1 版　　2019 年 10 月第 1 次印刷
审图号：GS（2019）75 号
印数：0 001~5 000 册　　定价：39.80 元

如发现印装质量问题，影响阅读，请与出版社发行部门联系调换。

目录 | CONTENTS

欢迎来到信息图的知识世界

用人人都能明白的信息图搞懂各种历史奇趣知识。

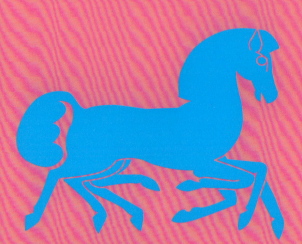

找一找哪位维京人的神骑着八条腿的战马。

读一读维京人如何把他们的食物做得更好吃。

看一看维京人横渡海洋的高速帆船。

比一比维京长屋与现代大型喷气式飞机谁大谁小。

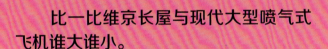

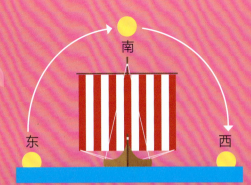

学一学维京人在远征中不迷路的方法。

谁是维京人

维京人生活在北欧，这个地区被叫作"斯堪的纳维亚"。从8世纪到11世纪中期，随着维京人向整个欧洲扩展，他们的势力和影响力也不断增加。

公元789年
对英格兰多塞特的劫掠是维京人的第一次行动。

公元841年
维京人在爱尔兰建立定居点。

公元980年
维京人发动对英格兰的新一轮劫掠。

公元991年
莫尔登战役。

公元878年
阿尔弗雷德大帝在艾丁顿战役中打败维京人。

公元1017年
克努特成为英格兰、挪威和丹麦的国王。

公元800年

公元900年

公元1000年

公元1100年

公元793年
劫掠英格兰东海岸的林迪斯法恩。

公元867年
维京人攻占约克郡。

公元937年
英格兰人夺回了被叫作"丹麦法区"的英格兰中部大片土地。

公元1000年
莱弗·埃克里松发现北美文兰森林地区。

公元1066年
维京人在斯坦福桥战役中被击败，同年诺曼人入侵英格兰。

公元982年
红发埃里克探索格陵兰岛。

维京人的家乡在现在的瑞典、挪威和丹麦。

维京人最远到达了**格陵兰岛**，他们还探索了**北美洲**的一部分。

斯堪的纳维亚

维京人的家乡

公元1300年
格陵兰岛上的温度开始下降。

公元1200年 公元1300年 公元1400年 公元1500年 公元1600年

公元1480年—1500年
维京人在格陵兰岛消失。

"维京" 这个名称来自古挪威语 **"Vikingar"**，意思是 **"海盗"**，与他们对海外城市和乡村的劫掠行动有关。

维京社会

维京社会组织严密，每个人都知道自己在等级制度中所处的位置。等级最高的是支配整个社会的国王，最低的是奴隶。

国王

国王也被叫作"贡格尔"，一般是部落的首领或是某一小地区的统治者，而非整个国家的统治者。有些国王甚至没有领地，仅仅是战时领袖。

自由民

自由民也被叫作"卡尔斯"，他们占据了维京社会的大多数，包括手工匠、农夫、商人和地主。

慷慨的领袖

在维京人心中，国王应当是一个伟大的领袖和战士，善于演讲，能够慷慨地赐予人们食物，以及衣服、武器和战利品。

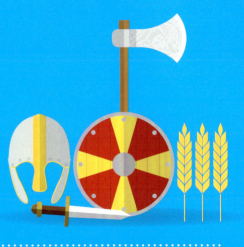

法律和秩序

维京社会的各个等级都服从立法会——一个由所有当地自由民组成的议会。立法会负责制定律法、解决纠纷，也做出政治决断。

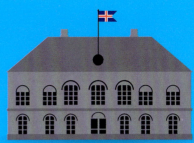

贵族

贵族也被叫作"亚尔"，他们服从国王的指令，控制着部落和领地。

冰岛的维京议会被叫作"阿尔庭"，在公元930年第一次召开，也是当今世界上历史最悠久的国家立法会。

奴隶

奴隶一般是维京人在劫掠中抓捕并带回维京人家乡的人。奴隶阶层还包括债务奴，他们是无力偿还债务的维京人，他们必须工作直至还清债务。

维京长屋

维京长屋对维京人而言非常重要。这种修长而单薄的建筑为自由民的生活而建，拥有维京人生活所需的一切。

食物和个人物品

维京人把食物和个人物品挂在墙上。

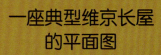

一座典型维京长屋的平面图

火

维京人在一个凹坑里生火，或者点燃一个火圈。火焰提供了光和热，也用于烹煮。

墙

维京人用石头、木板、原木建造墙壁，也会建造特有的抹灰篱笆墙。

抹灰篱笆墙

把木条编织在一起，再在上面抹上砂土、黏土和沙子的混合物，或者抹上干草和牛粪的混合物，这样就做成了抹灰篱笆墙。

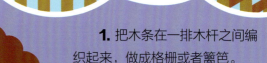

1. 把木条在一排木杆之间编织起来，做成格栅或者篱笆。

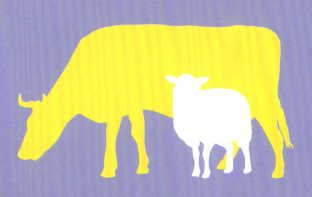

长屋的中间有两排柱子支撑着屋顶，并将长屋的空间分为中央区和两边的回廊区。

动物

包括牛和羊在内，动物被拴在长屋的一头。

屋顶

维京人可能用草皮，也可能用干草覆盖在屋顶上。

长凳

排列在长屋的四周，提供座席。

通风口

在屋顶上有通风口，把烟排出去，也让光线进入屋子。

芦苇和草

维京人把草覆盖在泥地上。

波音747
翼展60米

长屋一般有**5米**宽，**75米**长——比一架大型喷气式飞机的翼展还长。

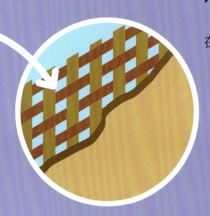

2. 把泥巴、黏土和干草的混合物抹在格栅上，再把成品放在一边晾干，形成坚硬的篱笆墙。

维京服饰

别针

维京人穿着由亚麻布、羊毛和皮革制成的简单衣物。这类衣物非常实用，斯堪的纳维亚气候寒冷，它们能够在航海活动中帮助维京人保持身体温暖。

维京人用**皮革腰带**把剑、匕首，甚至斧头绑在身上。

用别针固定住的厚重的**羊毛斗篷**，可以使穿着者在寒冬里感到温暖。

维京人将**长外套**穿在**裤子**外面，借此在航行中把寒冷隔绝在外。

维京人穿着裤子或**绑腿**以保持腿部温暖。

维京人的**鞋子**用皮革制成，为了使鞋子更耐用，他们用锤子把平头钉敲进鞋底。

维京人注重清洁。考古发掘
已经出土了镊子、剃刀、梳子和
掏耳勺。

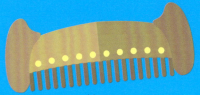

梳子

维京妇女用亚麻布
织的**头巾**包住头发。

**维京人用天然染
料给衣物染色。**

维京妇女也佩戴
一些用玻璃珠子或琥
珀做成的简单**首饰**。

蓝色来自植物菘蓝。

维京妇女穿着
长**裙子**。

裙子之外是大**围裙**。

红色来自一种叫
作"茜草"的植物。

**维京人中的富有
者也穿一些丝绸衣
物，这些丝绸来自遥
远的东亚。**

黄色来自淡
黄木犀草。

维京人**每周**洗一次
澡——同一时期的盎格
鲁－撒克逊人**一年**才洗
一两次澡。

维京手工艺和文化

维京男女都非常擅长手工艺，他们制作的物品既在家中使用，也用来贸易。维京人还在长篇故事的基础上创作了许多被称为"英雄传奇"的文学作品。

亚麻

维京人用来编织衣物的原材料。

羊毛

直立织布机

大多数维京家庭都有一台直立织布机，可以把羊毛和亚麻织成衣物。

在织布机顶端有一条能**旋转的横梁**，以便把织好的材料卷起来。

综丝杆把经线分隔开，以便纬线能够穿过经线交织起来。

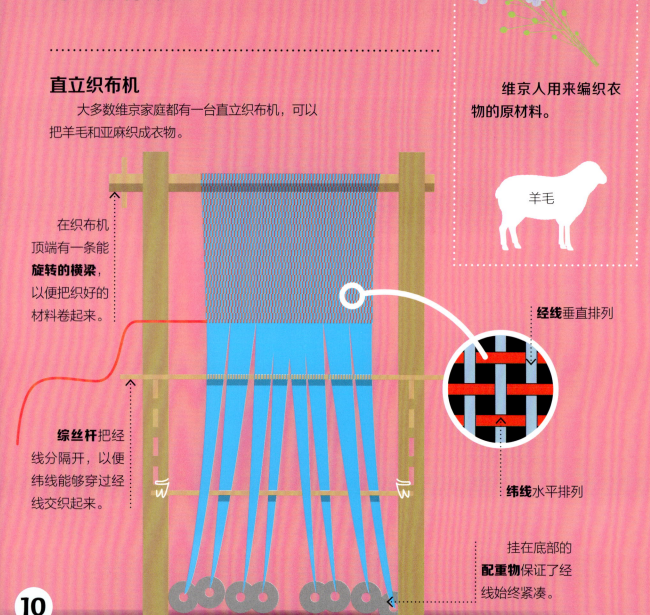

经线垂直排列

纬线水平排列

挂在底部的**配重物**保证了经线始终紧凑。

字母与单词

维京字母表由如尼字母组成，完全不同于现代英语中的字母。

Asch	ᚨᚲᚲ = a	his	ᛁ = i	rehit	ᚱᚾᚱ = r
birith	ᛒᛒ = b	gilch	ᚼᚾᚼ = k	suhil	ᛃᛃ = s
khen	ᚴᚺ = ch	lagu	= l	tac	ᛏ = t
thorn	ᛞᚦᚻ = d	man	ᛉ = m	hur	ᚾᛁᚱ = u
Eho	ᛗ = e	not	ᛐᚳ = n	helahe	ᛘᛏᛋ = x
Fehc	ᛈᛈ = f	othil	ᚱᛏ = o	huyri	ᛎᛉᛋ = y
Gibu	ᚷᚷ = g	perch	ᚴᚺᛐ = p	ziu	ᛛᛈ = z
Hagale	ᚷᚾᚷ = h	khon	ᛃ = q		

"英雄传奇"是维京人广为传颂的长篇故事，这些故事都是关于他们的英雄和祖先的。这些故事最开始在各个讲述者之间口耳相传，直到12世纪或13世纪，才用文字记录下来。

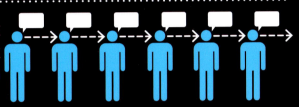

金属制品和首饰

维京人制造金属制品的工艺十分娴熟，他们既会制作武器等实用器物，也用铜甚至黄金打制首饰。

许多维京饰品以动物形态示人，尤其是弯曲的蛇的形态。

维京人会把肉放在铺满灼热灰烬的凹坑中烤熟。烤制时凹坑上覆盖着草皮或泥土。

一些维京人把他们的贵重物品埋起来，以确保物品的安全。这些物品会因所有者战死或被所有者遗忘而埋藏至今。

为了得到蜂蜜和蜂蜡，维京人也会饲养蜜蜂。蜂蜜的作用是使黑刺李等食物变得更甜、更好吃。

武器和战士

作为令人恐惧的战士，维京人拥有赫赫威名。他们用剑和战斧作战，为了方便行动，他们很少甚至不穿铠甲。

维京人的武器和铠甲反映了这个人的社会地位。富有的维京人头戴**头盔**，穿着**锁子甲**，手持**盾牌**和**剑**，而一个普通的自由民只有一根**长矛**、一面**盾牌**和一把**匕首**。

战斧

重要人物会携带战斧，其作用是展示携带者的权威。

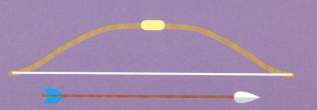

弓和箭只在战斗开始时使用，因为维京人认为相较于白刃战武器，弓箭不值得称颂。

匕首

长矛

角

维京头盔上最开始并没有角——头盔上有角是19世纪才创造的传说，但这并没有阻止人们对这一传说的津津乐道。

维京**头盔**用皮革或铁制成。

一些头盔有保护鼻子的条状物，还有一些有保护脸颊的甲片。

圆**盾**由厚木板组装并固定在一起制成。

维京武士一般携带**双刃剑**。他们还经常给自己的剑取名字。

锁子甲由许多环环相扣的金属小圆环制成。

维京人的许多行动都是小规模劫掠，不过他们也曾在数次重要战役中，与庞大的敌军作战。

莫尔登战役（公元991年）——多达6000名维京武士参加。

富尔福德之战（公元1066年）——多达10000名维京武士参加。

巴黎围城战（公元885年—886年）——多达40000名维京武士参加。

维京战船

维京人有很多种船，从小划艇到巨大而快速的维京长船都有不同用途。他们用这些船捕鱼、探险和横穿大洋、寻找新的家园。

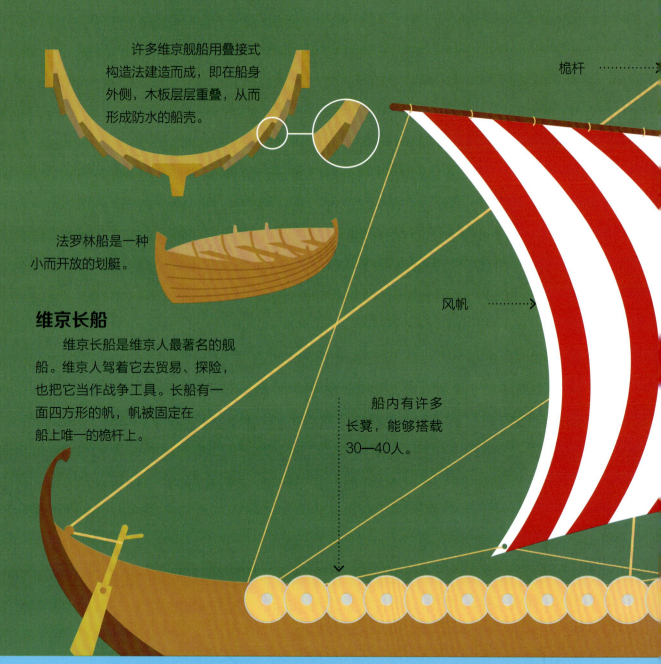

许多维京舰船用叠接式构造法建造而成，即在船身外侧，木板层层重叠，从而形成防水的船壳。

法罗林船是一种小而开放的划艇。

桅杆 ············

风帆 ·········▸

船内有许多长凳，能够搭载30—40人。

维京长船

维京长船是维京人最著名的舰船。维京人驾着它去贸易、探险，也把它当作战争工具。长船有一面四方形的帆，帆被固定在船上唯一的桅杆上。

最大的维京长船能够

诺尔船是一种用于远海航行的大船。这种船的船体更宽、更深，但船身比维京长船要短些，大约**长16米，宽5米**。

一艘诺尔船有20~30名船员，每天能够航行120千米。

它能载40吨重的船员和货物——比6头大象加起来还要重。

维京长船非常轻，船员们能够抬着它通过狭长的陆地。它甚至可以翻过来，当作临时庇护所。

在英格兰人口中，维京长船也被叫作"**龙船**"，这得名于船首雕刻着的龙头。这个设计是为了吓退海中的怪兽，保护船员。

维京长船的双头设计意味着航行转向时不需要掉转船头，这样的船更容易操纵。

维京长船的最高速度能达到10~15节。

搭载**100名**维京战士。

探险

维京人是优秀的海员，他们可以凭借先进的航海技术和工具横渡广袤的大洋。他们甚至到达了北美洲，比克里斯托弗·哥伦布的旅行还要早500年。

第一次对格陵兰岛的探险发生于公元980年左右。

维京人探险路线

北美洲

格陵兰岛

文兰（新大陆）

大西洋

维京探险家**莱弗·埃克里松**有着"幸运的利夫"的绰号，因为他从来没有迷过路。公元1000年前后，他带领船员驶向北美洲。

当维京人在北美洲的一片森林地区发现葡萄和浆果后，他们把这片土地叫作**"文兰"**或**"酒地"**。

红发埃里克因在冰岛数次犯下打架和杀人事件而被放逐。随后他驾船来到格陵兰岛，并在此地探险。三年后，他返回冰岛并声称格陵兰岛有千里沃野。为了吸引新的定居者，他把这片土地叫作**"绿岛（Greenand）"**。

导航技术

维京人曾把太阳当作可靠的罗盘。它升起时指明东方，正午时指明南方，落下时指明西方。

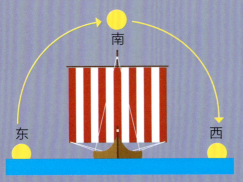

遇到阴天时，维京人用一块叫作"**日长石**"的特殊石头推算出太阳的位置。

冰岛在公元861年首次被发现。那年，一个名字叫**纳多德**的维京人从挪威出发向**法罗群岛**航行，却被海风吹离航线漂泊到了冰岛。他把这片新土地叫作"**雪岛（Snowland）**"。

维京人也利用**北极星**来确定方向。

北极星

小熊座

北斗七星

冰岛

法罗群岛

设得兰群岛

挪威

瑞典

都柏林

约克

伦敦

君士坦丁堡

贸易还是劫掠

维京舰船载着武士们横跨大洋，去袭击和劫掠外国定居点。维京船同样载着商人驶向远方，去已知世界的每一个角落买卖商品（见下图）。有时候，同一艘船既是商船也是战舰。

维京商人随身带着一个小天平，以便能够随时准确地称量交易中的黄金。

文兰

挪威——木材、铁、皂石、磨石、大麦、焦油

格陵兰岛——海象牙、毛皮、羊毛

文兰（北美洲）——木材

冰岛——鱼类、羊毛、动物脂肪、硫黄、猎鹰

拜占庭（君士坦丁堡）——丝绸、毛皮、香料、酒、宝石、白银、珠宝首饰

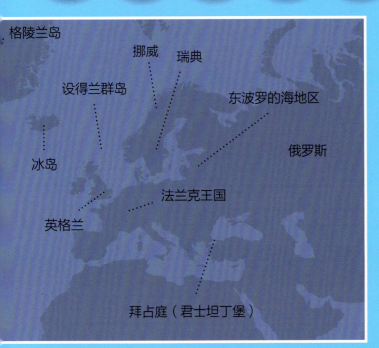

法兰克王国——珠宝首饰、武器、酒、玻璃、盐、羊毛

贸易汇率一般由当地首领决定。例如，11世纪冰岛的汇率是：

8盎司白银=1盎司黄金

或4头奶牛

或24只绵羊

或72米羊毛布料

12盎司白银 = 一个成年男性奴隶

东波罗的海地区——琥珀、奴隶、毛皮

设得兰群岛——皂石

英格兰——锡、小麦、蜂蜜、羊毛、大麦、亚麻

俄罗斯——奴隶、毛皮、蜂蜜

瑞典——铁、毛皮

19

海外定居

在长达300年的维京时代，维京人从他们的家乡散播开来，定居点遍布北大西洋地区，最远到达了北美洲。他们还向南扩展到英格兰和爱尔兰的大部分地区，以及法兰西北部和意大利南部。

维京人的家乡

海外定居点

格陵兰岛

北美洲

1960年，考古学家在加拿大的兰斯奥克斯牧草地发现了维京人遗址。这是北美洲唯一一个被世人知晓的维京人定居点，也是欧洲人留在新大陆的最早足迹。

在维京时代，大约有**200000人**离开斯堪的纳维亚，定居在维京人的新土地上。

北美洲

为了农耕，维京人带着植物和动物一起迁徙。

据说法罗群岛上的400种植物中大约有90种是维京移民带来的。

向南方迁徙
瑞典人，也被称为"瓦拉几亚人"，向东和南迁徙，穿过现代俄罗斯和波罗的海附近国家。他们最远到达了里海海滨和君士坦丁堡。

冰岛

不列颠岛上的维京人聚居区被称作**"丹麦法区"**。

斯堪的纳维亚

不列颠
公元878年，在战斗中击败维京人之后，英格兰国王阿尔弗雷德大帝与维京人握手言和，允许他们定居于不列颠岛的北部和东部。

不列颠

意大利
在公元800年前后，维京人袭击了意大利南部地区。在11世纪上半期，诺曼人的一支军队征服了西西里岛和南意大利的一部分。

法兰西
从大约公元790年起，维京海盗开始袭击法兰西北部地区。不久，他们开始在该地区定居并扩张。

这片土地的名字**"诺曼底"**就来自**"诺斯曼"**这个词，意思是"来自北方的袭击者"。

维京人的信仰

我们对维京人如何崇拜他们的神祇知之甚少。但从维京人口耳相传的故事中，我们对这些神和神所生活的世界倒是知之甚多。到维京时代末期，众多的维京神祇被基督教信仰取代。

维京神话把宇宙分为三层。

第一层是仙宫"阿斯加德"，这里是神的家。

"比弗罗斯特"，也被叫作"彩虹桥"，连接着"阿斯加德"和"米德加德"。

第二层是尘世"米德加德"，又叫"中土"，是人的生活圈。

瓦尔哈拉殿堂

瓦尔哈拉殿堂是一座宏伟圣殿，当维京武士战死后，他的灵魂就会被神话中名为"瓦尔基里"的女战士带到此处宴饮。

尼夫海姆

穆斯贝尔海姆

在第二层之下有许多境界，比如冥界"尼夫海姆"（迷雾重重的世界）和火之国"穆斯贝尔海姆"（满是烈焰之地）。

古代斯堪的纳维亚人的男神祇和女神祇

奥丁是众神之神

他是魔法之神、诗歌之神和战神。他只有一只眼。他的坐骑是一匹八条腿的神马，叫作"斯雷普尼尔"。

弗雷亚是爱与生育之神

她有一个双胞胎兄弟叫作"弗雷"。当她悲伤之时，会流下黄金之泪。

索尔统治着天空，掌管暴风闪电

他戴着一双铁手套，有一把叫作"妙尔尼尔"的雷神之锤。

洛基是"欺诈之神"

他导致了奥丁之子巴尔德的死亡。他是一个善变者，能以鲑鱼、马、海豹或苍蝇的样子示人。

诸神与他们的仇敌，也就是巨人作战。维京人认为世界会在**最后一场巨大战役**中毁灭，这场战役叫作**"诸神的黄昏"**……

一场大火将横扫整个世界，大部分人与神将葬身于这片火海，只有少数存活。

维京人的葬礼

维京人的逝者与手工制品，也就是陪葬品一起被埋葬，这些陪葬品反映了死者生前的身份。由此，维京人的坟墓为考古学家了解维京人的日常生活提供了很多有价值的信息。

依据个人社会地位的陪葬品数量

奴隶
只会被草草埋在一个坑里，没有任何陪葬品。

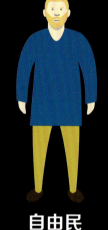

自由民
自由民会与他们的工具、武器一起被埋葬。

首领
首领和重要人物被装在车厢甚至是船里埋葬。有时候他们还与各自最喜爱的马和狗埋在一起。

有些人被埋葬或火葬在摆成船壳造型的**一圈石头**中间。

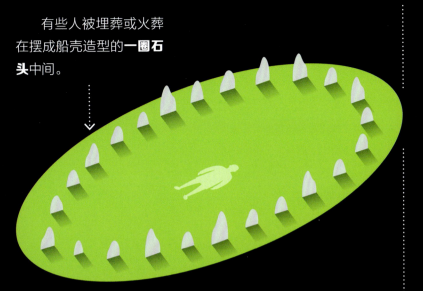

目前发现的最大的一个石圈有**170米长**——比1.5个足球场的长度还要长。

许多重要人物与被献祭的**奴隶**埋在一起，维京人认为这会让这些奴隶在死后的世界里继续服侍他们的主人。

墓地之上会有土墩。挪威的博尔土墩墓地有一系列大大小小的土墩墓，其中一些的直径达到45米——**大约是4辆伦敦公交车的长度。**

在维京时代，火葬是最为流行的丧葬方式。

后来发生了什么

随着时间的推移，维京人劫掠的次数逐渐减少。维京人的领土在强有力的国王或领袖的统治下逐渐统一。在如今，维京人的影响力仍能通过每个他们曾定居的地区的名称体现出来。

公元1013年，**斯韦恩·弗克比尔德**率领丹麦人入侵英格兰，迫使英格兰国王"无准备的埃塞尔雷德"逃亡。弗克比尔德成为第一个丹麦血统的英格兰国王。他的儿子克努特在1014年继承了他的王位。

- →（橙色虚线箭头）哈拉德·哈德拉达的挪威舰队
- →（黄色虚线箭头）哈罗德二世军队的进军路线
- ●（橙色圆点）1066年9月25日，斯坦福桥战役
- ⇨（白色箭头）1066年9月28日，诺曼底的威廉登陆地点
- ●（橙色圆点）1066年10月14日，黑斯廷斯战役

北海

苏格兰王国

诺森布里亚

斯坦福桥
约克

爱尔兰

麦西亚

爱尔兰海

威尔士

盎格鲁-撒克逊王国　伦敦

威塞克斯

黑斯廷斯

英吉利海峡

1066年，诺曼人烧毁了维京人的城镇约维克（约克），宣告了维京时代在英格兰的终结。

1066年，**哈拉德·哈德拉达**率领一支维京大军入侵英格兰。但9月25日，他在**斯坦福桥**战役中被**哈罗德二世**率领的撒克逊军队击败。哈罗德二世率领他的军队在4天内强行军超过**320千米**，从伦敦赶到约克郡。随后，哈罗德二世又不得不向南强行军**430千米**到达黑斯廷斯，于10月14日迎战诺曼底的**威廉**率领的诺曼人大军。威廉击败哈罗德二世后，在英格兰建立了诺曼人的统治。

散播影响

自从定居于法兰西北部之后，诺曼人逐步扩展他们的领土，征服了**不列颠地区，西西里**和**南意大利，北非**，而且在1096—1291年的宗教战争中还征服了现在的**叙利亚**地区。

英格兰

鲁昂
诺曼底

那波尔　阿普利亚

卡里波里恩

突尼斯　西西里

安托西亚
拉塔基亚

的黎波里

● 定居地

地点名称

许多市镇和城市依然保留着它们的维京名字："**比（by）**"这个音节意思是"农田"或"田地"，如"**德比（Derby）**""**惠特比（Whitby）**"；"**索普（thorpe）**"这个音节的意思是"大片田野"，如"**斯肯索普（Scunthorpe）**""**格兰姆索普（Grimethorpe）**"；"**托夫特（toft）**"这个音节的意思是"一座房子或建筑物的位置"，如"**洛斯托夫特（Lowestoft）**"；"**柯克（kirk）**"这个音节的意思是"教堂"，如"**奥姆斯柯克（Ormskirk）**"。

关于维京袭击和扩张会减缓的原因，历史学家已经提出了几种理论来解释。其中一个理论认为，欧洲大陆形成了大的国家，拥有更强的军队，从而能够**抵御维京人的攻击**。

另一个理论认为，气温下降导致了一个小冰河期的来临，迫使维京移民在1400年前后离开格陵兰岛。

＊ 本书插图系原文插图。